NARRÉ

VERITABLE

DE LA PERSECVTION
EXCITE'E CONTRE LES
Chrestiens au Royaume
de la Chine,

Extrait des Lettres du P. Aluares Semede de la Compagnie de I E S V S, captif au mesme lieu, l'An 1619.

A PARIS,

Chez Sebastien Chappelet,
ruë S. Iacques, à l'Oliuier.

———————

M. DC XX.

NARRE' VERITABLE

de la perſecution excitée contre les Chreſtiens au Royaume de la Chine, extrait des Lettres du Pere Aluares Semede, de la Compagnie de IESVS, captif au meſme lieu, l'an 1619.

LA Miſſion de noſtre Compagnie eſtablie depuis quelques annees en ce Royaume de la Chine, joüiſſoit d'vne tres-grande paix & floriſſoit de iour en iour d'auantage, tant pour le grand nombre de ceux qui ſe conuertiſſoient, que par la feruenr des autres ja conuertis les annees precedentes, & ſignamment la preſente en la ville de Kiane, en laquelle dans peu de iours prés de cent ſe ſont conuertis à IESVS-CHRIST, outre pluſieurs autres, qui ont deſiré d'eſtre inſtruits ez Articles de noſtre ſaincte foy, ſans que nous ayons eu le moyen de leur pouuoir ſatisfaire.

4

Les Chreſtiens auoient paſſé le Ca-
reſme en la ville de Nanquin, auec
beaucoup de deuotion, accompagnée
d'auſteritez, & penitences; Et les autres
feſtes ne s'y celebroient pas auec moins
de ſentiment de pieté, qu'en Europe.

Le meſme eſt arriué à Canton, & à
Pequin, où toutes choſes ſuccedoient
heureuſement; ſur tout à Nanquin l'v-
ſage des ſainᶜts Sacrements, & notam-
ment de la confeſſion, eſtoient ſi fre-
quents, que preſque tous les Dimanches
ches & feſtes, il y en auoit qui ne manquoient à ce deuoir de pieté, voire meſme ſur la ſemaine; Ez iours plus ſolemnels nous eſtiós appellés en diuers lieux,
pour anoncer & preſcher noſtre ſainᶜte
Foy, principalement en vne cité, à trois
iournées de Nanquin, où pluſieurs Do-
ᶜtes & grands Seigneurs nous atten-
doient pour profeſſer le Chriſtianiſme,
& ce par le moyen d'vn Chreſtien, allié
à quelques vns d'eux, qui nous y inui-
toit par lettres, en vne deſquelles plus
de quarante s'eſtoient ſignez, ſignifians
le grand deſir, auec lequel ils nous at-
tendoient, & le proffit ſpirituel, qu'ils
eſperoient tirer de noſtre preſence.

Mais vne chose nous greuoit & donnoit
au cœur, à sçauoir, que nous estions fort
peu d'ouuriers, & en mon particulier
i'auois vn grand ressentiment de ne me
trouuer point doüé de la charité fer-
uente, & ardent zele de S. Paul, qui seul
suffisoit à tant de semblables exploicts;
Ceste noble moisson blanchissant ainsi
en plusieurs endroits, & n'estant que-
stion, que d'auoir à force bons ouuriers
pour la recueillir, le Diable, ennemy de
tous bons succez, voyant que plusieurs
quittoient ses estendars, s'est efforcé non
seulement d'empescher l'heureux pro-
grez de tant de biens, mais aussi, de ren-
uerser de fonds en comble tout le Christianisme de ce Royaume de la Chine,
ce qui est arriué en la sorte, que ie vay
sommairement deduire.

Vn certain Mandarin, nommé Xim,
sorty de la Prouince de Chekian (où les
Pagodes, leurs Idoles, sont extraordinai-
rement honnorez) estoit en la ville de
Nanquin, & presidoit à vn des principaux Tribunaux de ceste Cour. Cest
homme tant à cause d'vn different, qu'il
auoit auec vn Mandarin Chrestien de
grande authorité, au fait des Loix du

païs; que parce qu'il estoit porté d'vne
superstition non commune enuers les
Pagodes, & auec tout cela, instigué par
les Bonzes ennemis iurés du Christianisme, resolut à part soy de persecuter
ceux qui en feroient profession, & entierement exterminer & ruiner les
Docteurs de cette celeste doctrine;mais
sçachant que plusieurs doctes & graues
personnages la suiuoient,entre lesquels
estoient quelques Mandarins, & crai-
gnant que s'il entreprenoit cela de soy
seul, il n'en peust venir à bout, resolut
de le faire auec l'authorité du Roy, per-
suadé qu'à l'esclat de ce pouuoir souuerain, personne n'auroit le courage de
s'opposer à ses malicieux desseins; Il enuoya donc vn cayer au Roy, contenant
la diffamation de la Loy Chrestienne,
en termes, & selon que son esprit,
plein de maltalent luy suggeroit; Et de
plus, il prattiqua d'autres Mandarins
pour luy faire espaule en ceste perni-
cieuse & dánable entreprise. En mesme
temps que nous fusmes aduertis de nous
tenir sur nos gardes, il tramoit son faict
auec si peu de bruict, & auec tát d'artifi-
ce,que de deux mois nous n'en peusmes

rien defcouurir de certain, neantmoins, parce que le coup preueu faict moins de mal, du feul doubte nous iugeafmes eftre à propos de preuenir les nouueaux Chreftiens, & les preaduertir, que nous auions aduis d'vne bourrafque future. Eux pleins d'vn zele ardét, monftroient d'eftre non feulement contens, mais encor difpofés à fouffrir toute forte de tourmens pour l'amour de IESVS-CHRIST. Chofe qui nous confola grandement; vn principalement entre autres fe trouua, qui ayant eu aduertiffemens de fes parens, & alliez, du proche danger où eftoient les Chreftiens, monftra non feulement par parole eftre fans crainte, ains par efcript fe fit cognoiftre declarant fon nom, & furnom, fon eftat, & fa condition, & fe difant eftre Chreftien, preft de donner pour la foy fa vie, & d'attacher en la porte de fa maifon cet efcripteau, voire encor le publier par tout, fi l'on ne iugeoit plus à la gloire de Dieu de fe taire. Tous les autres fe preparoient à la perfecution future, par la frequentation du Sacrement de Penitence, & autres deuotions; Cependant le Prefident Xim aduançoit fon

deſſein, & le pouſſa ſi auant, qu'il fit
paſſer ſon cayer iuſqu'au Roy, dequoy
nos Peres de Pequin par lettres du 13.
d'Aouſt nous donnerent aſſeurance, ad-
iouſtans, que le Roy n'auoit point veu
ce cayer de bon œil, & que probablement il n'impetreroit rien contre nous.
Cet aduis nous reſioüiſt, mais non de
telle ſorte, que nous ne demeuraſſions
touſiours en doute ſur ce qui en pourroit aduenir. Car ce miſerable homme,
qui auoit totalement determiné d'our-
dir & tiſtre cette toile contre nous,
outre qu'il auoit en la cour de Pequin
vn Agent ſpecial pour aduiſer à ſes af-
faires, encores mettoit il aux champs
courriers ſur courriers munis de libel-
les diffamatoires contre les Chreſtiens:
& enfin fit tant par ſes lourdes menées,
qu'il porta de ſon coſté ladite cour de
Pequin, & attira à ſoy pluſieurs perſon-
nes de qualité, qui auparauant eſtoient
alienées de luy, iuſqu'à leur faire pre-
ſenter vn nouueau libelle contre nous,
confirmatif de ſes calomnies. Nous ne
manquaſmes pas d'eſtre incontinent aduertis de tout par homme exprés, & ſi
toſt, qu'en onze iours il fit le chemin

qui se faict ordinairement en quinze. Il arriua le 30. d'Aoust à 10. heures de nuict, & vint à nostre logis, frappant auec telle roideur à nostre porte, que nous iugeames bien sur le champ ce qui se passoit. La lettre qu'il portoit, commençoit en ceste sorte (*Voicy nostre heure & la puissance des tenebres*) & l'ayant leüe, nous iugeasmes, quelle issuë pourroit auoir cet affaire. Que si d'vn costé nous nous resioüismes en cette croix, comme en vn singulier benefice de Dieu, asseurés, que l'Eglise n'est point abbatuë par les persecutions, ains rechauslee, & que la Chrestienté ne peut estre asseurément plantée, ny produire des fleurs, & fruicts bien assaisonnés, si au pealable ils ne sont frappez des vents de tribulation, arrousez du sang des Martyrs, & appuyés par les trauaux des Confesseurs: d'autrepart toutesfois nous estions en grand esmoy pour l'apprehension que nous auions des cheutes, qui n'arriuent que trop souuent à ses ieunes arbrisseaux nouuellement plantés au parterre de l'Eglise, lors que telles persecutions, & tempestes s'esleuent, qui fut cause que de ce pas nous nous transportafmes à la chappelle de noftre Dame, où nous nous mifmes foubs fa prote-ction, & fauuegarde, puis deliberafmes comme nous nous deuions comporter en cet accident, & employafmes en cette deliberation tout le refte de la nuict. Le refultat ayant efté, que nous nous diuiferions en deux trouppes, à l'exemple de Iacob, affin que fi l'vne eftoit furprife, l'autre demeuraft fauue, le P. Nicolas Lombard Superieur de toute la Miffion, dés le matin tira droict à Pequin, & Paul Iule Menez prenant vne autre route s'achemina en la maifon d'vn Chreftien, où il eftimoit pouuoir eftre en quelque feureté. Cette feparation nous fut d'autant plus cuifante, que moins elle nous laiffoit de moyen de nous encourager les vns les autres en cas que nous fuffions apprehendez, & nous priuoit du renfort, que nous euffions pris par la confideration des ver-tus, que chacun verroit reluire en fes freres, eftans d'ailleurs affeurés que la vertu vnie eft plus forte, & qu'en fem-blables accidens la Compagnie caufe toufiours vn fingulier reconfort: mais puis qu'il ne fe pouuoit faire autrement, chacun demeura content de ce qu'il plaiſoit à Dieu; nous qui reſtions au logis, nous eſtimans heureux, parce que nous attendions les premieres attaques, & plus atroces tourments : & les autres croyans qu'ils n'eſtoient pas moins bien partis, puis qu'ils auoient à paſſer par des chemins extremement dangereux, & deuoient trauerſer ceſte Nation, qui animee pour l'honneur de ſes Pagodes, comme elle ſe monſtroit, ne leur donneroit que prou de ſubiect de patir pour IESVS-CHRIST. Ie reuenois d'vne maladie, qui m'auoit tenu la moitié de Iuillet, & vne bonne partie du mois d'Aouſt, mais le meſme iour du deſpart de nos Peres, le trauail de la nuict precedente me remit au lict, quand on euſt dict que i'auois plus beſoing de ſanté, neantmoins peu importoit pour combattre en ceſte guerre, que ie fuſſe ſain, ou malade, puiſque, comme dict S. Ambroiſe, la gloire de ce combat ne giſt en la force du corps : ſur le tard nous fuſmes aſſeurés, que le decret de Paquin fulminé contre nous eſtoit arriué, contenant que nous fuſſions enuoyez en exil, & en effect l'execution d'iceluy fut

A vj

commiſe à vn Mandarin preſident au
conſeil militaire, qui ayant conuoqué
les principaux de ſes Côſeillers, ordon-
na, que l'on ne nous traitaſt mal , ains
qu'amiablement l'on nous conmandaſt
de vendre noſtre maiſon , & nos meu-
bles , puis que nous vuidaſſions le pays,
& que l'Arreſt de noſtre banniſſement
fuſt attaché à noſtre porte , exprimant
les cauſes de noſtre condamnation , à
ſçauoir , que nous auions preſché vne
nouuelle loy , qui troubloit le peuple, &
le royaume. Le Mandarin Xim voyant
ceſt Arreſt, creut que nous ſeriõs traités
trop doucement, pour à quoy obuier , il
preuint le ſuſdict Mandarin , & voulut
luy meſme en eſtre l'executeur. En ſuitte
dequoy la nuict d'apres il enuoya le
plus couuertement , qu'il peut , des ſoldats , pour garder noſtre maiſon ; mais
parce que le bruit en fut auſſi toſt eſ-
panché, & tous croioyent, que nous deuions eſtre mis en priſon , le matin ſui-
uãt ſe trouua à noſtre porte vne ſi grande foule de peuple , que nous penſions
qu'elle nous deuſt mettre en pieces.
Non gueres apres 40. Mandarins vindrent, aſſiſtez de leurs ſatellites , & ſer-

gens enuoyez par Xim., lesquels ayant
chassé nostre portier de sa porte, se saisi-
rent des clefs, & mirent en sa place des
soldats, auec commandement exprez de
ne laisser sortir, ny entrer personne: puis
ayant ouuert nos pauures bahus, & mis
en inuentaire tout ce qu'ils iugerent, ils
commencerent à foüiller par tout tres-
diligemment. En ce mesme temps arriua ce zelé Chrestien, duquel nous auons
faict mention, portant quant & soy son
escripteau, auec le Rosaire, & vne image de nostre Dame en main, & ayant
frappé à la porte, demanda d'entrer, ce
qui luy fut refusé, mais interrogé par
les Soldats, s'il vouloit mourir auec
nous, oüy dict il, & pource ie viens icy:
sur ceste parole ils le laisserent entrer,
& fut apprehendé comme d'autres
Chrestiens.

Nous auions en la maison vn escho-
lier Chinois, aagé de 16. ans, qui voyant
ce qui se passoit, par fois venoit à moy
qui estois au lict, & disoit qu'il tenoit
pour tout asseuré, que nous endurerions
beaucoup pour IESVS-CHRIST, & qu'il
s'en rejoüissoit grandement, puis qu'il se
deuoit rencontrer parmy ceux, qui

auoient tant à souffrir pour si iuste cause.
Ie vous laisse à penser, qu'elle ioye me
causoit ce courage, & si ie n'auois pas
subiect de me consoler extraordinaire-
ment voyant qu'en ces temps, qui sont
si esloignez de la primitiue Eglise, Dieu
nous faisoit part de non moindre grace
qu'alors. Ie confesse qu'en ceste veüe ie
conceuois vne forte esperance, que la
bonté diuine nous assisteroit de sa force
pour endurer courageusement pour son
sainct nom. Les Mandarins ayants tout
mis en inuentaire serrerent les coffres,
& y apposerent leur cachet, laissans ou-
uerte la seule chambre, où i'estois malade, & 17. Chrestiens prisonniers auec
moy dans la maison, de laquelle ils mu-
rerent vne porte, & serrerent l'autre à
la clef, ordonnants pour nostre garde
quelques soldats, qui ne manquoient
pas de nous bien veiller, de ces 17. estoit
vn frere de nostre compagnie, & les autres parties domestiques, partie de la
ville, qui ce matin estoient venus à l'E-
glise, pour faire leurs deuotions, & tes-
moigner leur zele. Ils emmenerent quât
& eux le P. Alphonse Vansoni, & deux
Chrestiens, nous restans suspens de ce

qui nous deuoit arriuer, & à eux. L'vn
diſoit que l'on les menoit aux priſons
publiques, l'autre qu'ils deuoient bien
toſt eſtre mis à la torture, autre qu'ils
deuoient eſtre occis, chacun parlant
ſelon ſon ſentiment, & le refuge de tous
eſtoit en Dieu; Ie me leuay du lict côme
ie peus, & tous enſemble allaſmes à la
chappelle de la Vierge mere, pour im-
plorer ſon ſecours, & apres auoir dict
les Litanies, chacun de nouueau, ſe re-
commanda à Dieu ſelon la ferueur, que
luy communiquoit le S. Eſprit, & tous
nous iettaſmes entierement entre les
mains de ſa diuine Prouidence, afin qu'il
diſpoſaſt de nous ſelon ſa ſaincte volonté. Cela faict ie repreſentay aux
Chreſtiens le grand benefice, que Dieu
nous faiſoit, d'eſtre empriſonnez, & affligez pour ſon honneur, & que s'il luy
plaiſoit de nous priuilegier du martyre
(duquel il ne fauoriſe que ſes plus chers
amis) ce ſeroit le plus grand bon-heur,
qui nous pourroit arriuer en ce monde.
A la meſme heure tous ſe confeſſerent,
& puis paſſaſmes la plus grand part de
la nuict en colloques ſpirituels ſelon que
le temps le requeroit : bien-toſt apres,

vn autre eſcadron de trois mille ſoldats, ou enuirõ, nous inueſtit, quelques
vns auec des armes, autres auec des baſ-
ſins d'airain en main, grands & petits
en ſi grand nombre, & auec tel tintamarre, qu'ils ſembloient eſtre des Lu-
tins fraiſchement ſortis des enfers: ceſte
aubade dura toute la nuiсt, & ny euſt
pas moyen de repoſer en façon quelconque. Ie me repreſentois les veilles
des iours ſolemnels de l'Egliſe, eſquel-
les l'on a couſtume de ſonner toutes les
cloches, & eſperois qu'apres ſuiuroit le
iour ſolemnel de la feſte, auquel Dieu
nous feroit participans de la couronne
tant ſouhaittee du martyre; non que ie
iugeaſſé l'auoir meritee, mais me con-
fian ten ſa bonté, qui peuſt changer les
pierres pour en faire des enfans d'A-
braham.

Le iour ne faiſoit que poindre qu'arriuerent 20. Mandarins pour me mener
en priſon, ou eſtoit deſia mon compagnon, diſans que Xim noſtre pourſui-
uant ne vouloit permettre que l'on vſaſt
de telle humanité enuers moy, que l'on
auoit faiсt le iour precedent, auquel on
m'auoit trouué & laiſſé au liсt, & qu'o-

res ils eſtoient venus par ſon commandement, afin qu'en quelque diſpoſition
que ie fuſſe ils me conduiſiſſent en priſon. A ceſte nouuelle mon eſprit ſe reſ-
jouïſt pour le grand, & ſignalé benefice
que ie receuois ce iour là ; & ayant pris
à leur deſçeu mon Breuiaire , & vne
image de noſtre Dame, auec vn Gerſon;
ſoudain ie fus enleué , & les autres
Chreſtiens auſſi: ſi que nous fuſmes tous
enſemble conduits par nos Gardes aux
priſons publiques trois à trois , comme
en proceſſion ; Le concours du peuple
pour nous voir fuſt tel, comme ſi nous
euſſions eſté quelques monſtres non iamais plus veus , & à peine pouuiós nous
fendre la preſſe de la premiere hale , ou
place publique. Ceux qui monſtroient
plus de ioye eſtoient les petits enfans,
qui en grand nombre nous accompagnoient auec leurs cris iuſques à la priſon, en laquelle nous entraſmes par diuers coſtez , & par diuers treillis de fer:
mais d'autant que ſortans dé noſtre maiſon nous n'auions paié le geollier, auant
toutes choſes il nous falluſt acquitter
de ceſte debte, & pour le faire n'ayans
rié autre, nous fuſmes deſpoüillez d'vne

18

partie de nos veſtemens. Entrés que fuſmes, nous trouuaſmes le P. Alphonſe,
auec les deux Chreſtiens, ſes compagnons tous fort ioyeux, & nous con-
iouyſmes par enſemble de ce nouueau
logis, bien different, à la verité du premier, neantmoins plus conuenable aux
ſeruiteurs de IESVS CHRIST crucifié.
Vous iugerez de la rigueur de ceſte priſon, aduiſant qu'ordinairement l'on n'y
met que les ſcelerats, & plus grands
malfaicteurs, auec leſquels nous de-
meuraſmes dans des cachots quatre
iours : apres on nous en tira, ou pource
que nous eſtions trop enſemble, ou pour
nous rauir la conſolation, que nous a-
uions de nous encourager les vns les
autres. Ils nous deſpartirent donc en
cinq priſons diuerſes, quatre deſquelles
tirent leurs noms des diuerſes contrees
du monde, du leuant, & ponât, du midy
& ſeptentrion, & la cinquieſme eſt au
milieu. Le P. Alphonſe fuſt mis en celle
du midy, la plus part des Chreſtiens, és
quatres autres, & moy au milieu. Et
parce que cecy ſe faiſoit de bon matin,
il ny euſt ſi grand concours de peuple
au commencement, mais le iour venu

il fuſt auſſi grand que deuant. Icy nous commençaſmes vne nouuelle façon de viure. Car là les Mandarins, & les Gardes nouscognoiſsás, nous traictoiét plus humainement, icy nous ne cognoiſſóns perſonne. & pource que ceſte priſon eſtoit au milieu de la cité, elle nous eſtoit ſelon le ſens faſcheuſe, tant à cauſe du bruit continuel de la place publicque, que pource que nous n'y auions autres compagnons que des brigands, & voleurs: dont auſſi les geoliers eſtoient plus ſeueres, & aſpres enuers nous. Le commun bruit eſtoit que nous eſtions Negromantiens, & que nous ſçauions voler par l'air, ſoubs la faueur des nuës, & que nous pourrions eſchapper quand bon nous ſembleroit; & autres choſes ſe diſoient de nous eſgalement probables, qui toutesfois eſtoient faciles à perſuader à ceux, qui ne nous cognoiſſent pas. De là arriuoit, que les Gardes nous guettoient ſi ſoigneuſement, qu'à peine nous permettoient-ils de voir la lumiere du Soleil, & meſme durant le iour les priſonniers nos compagnons de miſere, eſtoient employez à

mefme office. La nuict venu on en
mettoit d'autres auec charge de nous
veiller encor plus eftroictement: mais
ils ne fçauoyent combien nos penfees
eftoient alienées de ce qu'ils iugeoient
de nous. Or cecy eftoit au temps d'efté
auquel vne enorme multitude de mou-
cherons nous donnoient tant d'incom-
modités, qu'il feroit bien difficile de ie
comprendre : les prifonniers pour s'en
deliurer brufloient du foulphre qui rendoit vne fi gráde puanteur, qu'il n'eftoit
pas aifé de iuger lequel des deux maux
eftoit le moins fafcheux, ou cefte puanteur, ou la picqueure de ces beftioles : à
quoy il fault ioindre vne fi grande multitude de punaifes, qu'il eft prefque im-
poffible de la conceuoir, & la condition
du lieu portoit, que nous ne nous en
pouuions deffendre. La terre dure nous
feruoit de lict, les parois eftoient toutes
remplies de cefte vermine, & mon breuiaire (qui me feruoit de cheuet) pour
euiter que l'on ne me le defrobaft, en
eftoit tout farcy.

Or cefte mifere euft efté tolerable, fi
elle euft efté compaffee auec quelque

moderation: mais la conſtitution du lieu eſtoit telle, qu'il ſembloit, que ces beſtioles combattoient à l'enuy à qui ſe multiplieroit d'auantage; il y en a eu qui ont eſté rógez des poux iuſques à la chair viue, d'où vous pouuez penſer comme nous en auons eſté traictez; & encores toutes ces choſes n'euſſent eſté ſi difficiles à ſupporter; ſi nous n'euſſions eſté tenus de ſi pres : Car outré les Mandarins, il en y auoient d'autres, qui eſtoient logez pres de la priſon, ſeruans comme de ſurintendans dicelle, la viſitans ſouuent auec le catalogue des priſonniers en main, auec pouuoir de deliurer les peu coulpables, & en empriſonner d'autres, & de punir ceux, qui s'efforcent d'eſchapper: Ils ſont neuf, qui ont ceſte charge, deſquels trois ſont Geolliers, commis pour la garde de tous, & quatre qui s'appellent Maiſtres des priſons, & deux qui ſur la nui␣ct ont couſtume de nombrer, & reſſerrer les priſonniers, s'occupans à les examiner toute la nui␣ct pour en tirer quelque piece, tantoſt en intimidant l'vn, & tantoſt tormentant l'autre. Ceux qui ſont deputez pour la

garde, vexent encores d'auantage ces
miserables ; car n'ayans autre gage, que
ce qu'ils peuuent extorquer d'eux, c'est
chose du tout extreme, & deplorable
de voir comme ils les gehennent, &
quand il n'y a esperance d'en pouuoir
rié tirer, ils ne permettent, que l'on leur
porte aucun viure pour se sustenter. Si
les autres, qui ont dequoy veulent auoir
vne escuellee de ris, qui ne vaut pas
trois liards, il leur en faut donner cent.
Ie ne raconte pas les escorgees & coups
de foüets, qui tombent dru, & menu sur
leurs espaules sans subiect, ny compas-
sion ; chose à la verité horrible à entendre, mais bien plus à voir, & encores
plus à sentir. Il m'a semblé quelquesfois
que les gemissemens & grincemens de
dents de l'Enfer, ne deuoient estre gueres plus affreux, & espouuentables, & si
ne faut-il attendre de ce peuple sans
foy, aucun sentiment de pieté, ou humanité, car si la cupidité d'auoir, & l'auari-
ce ne peust engendrer, comme dict S.
Ambroise, que des violences, & endur-
cissemens de cœur, que doit elle faire en
ces ames barbares, & infideles? I'ay veu

quelquefois des ieunes prisõniers fains, gaillards, & en bon poinct, qui dans huict iours de ceſte cruelle priſon eſtoient ſi deffaicts, que ie ne les poũuois plus recognoiſtre ; car outre ce que deſſus il y a ſi grande diſerte de toutes choſes, que pluſieurs y meurent ordinairement de male-faim. Ceſte neceſſité eſtoit ſi vniuerſelle, que bien peu y en auons nous veu, qui n'en fuſſent grandement affligez, & nous y en auons ſouffert noſtre bonnẽ part, dequoy ie rends graces à Dieu. Les Mandarins auoient ſi diligemment reſſerré ce qui nous appartenoit, que rien n'en venoit entre nos mains, que premierement n'euſt paſſé par ſix diuerſes portes : & les Chreſtiens, qui nous vouloient ſecourir de quelque aumoſne, s'eſtonnoient d'vne ſi rigoureuſe inhumanité, mais ils n'y pouuoient remedier, de ſorte que nous eſtions deſtituez de tout ſecours humain. Somme toute, noſtre viure eſtoit d'vn peu de ris cuit à l'eau, ou d'vn peu d'herbes boulies de trois, quatre, voire cinq iours, froides ſans ſaueur quelconque ; que ſi quelque œuf nous eſtoit donné, le plus ſouuent il eſtoit pourry, & puant, & croyoit-on que c'eſtoit aſſez pour faire bõne chere; Quand à l'eau du puys de la priſon, elle eſtoit ſi punaiſe, que nous ne la pouuiós aualer ſans vn extreme contrecœur: & parce qu'on n'en vſoit point d'autre pour cuire ce peu de viande, qui ſeruoit à noſtre nourriture, s'enſuiuoit que retenant le meſme gouſt, nous n'eſtions pas moins affligez en mangeant, qu'en beuuant ; L'hyuer venu, le froid eſtoit extreme, & n'ayans rien pour nous deffendre de l'iniure du temps, meſme quand il plouuoit, ou neigeoit, auenoit que tout eſtoit en eau, & n'y auoit moyẽ de nous retirer en ce lieu ſec. Parmi ces miſeres i'ay appris ces belles veritez, Que la neceſſité eſt vne bonne maiſtreſſe, enſeignant d'endurer patiemment l'aduerſité ; Que la nature ſe contente de peu ; Que la faim eſt vne douce ſaulce, & autres pareilles, car ie ſouffrois ioyeuſement la diſette de toutes choſes, & pour la qualité des viandes, ie pouuois dire auec Xerxes, lors qu'on luy preſenta de l'eau du bourbier; Ie n'ay iamais beu plus ſuauement. Souuent ie

me

me presentois combien sont vtiles les
ennuis endurés pour l'amour de Iesvs,
& que la tribulation est comme le feu
qui brusle, & purifie, puisque par icelle l'homme est nettoyé de la roüille de
ses pechez : & i'ay aussi recogneu, que
Dieu est vn souuerain Artisan, puis
qu'il tempere ce feu en telle façon qu'il
n'est point difficile, ains aisé, pour ne
dire agreable, à le supporter pour sa
gloire. L'extreme necessité neantmoins
nous contraignit de representer au
Mandarin l'estat miserable, où nous
nous retrouuions, & particulierement
le priasmes, qu'il nous fist donner quelque chose tant pour nostre viure, que
pour nous armer contre le froid de l'hyuer, qui a coustume d'estre tres-rigou-
reux en ce pays, mais il n'auoit point
d'oreilles pour nous, & sembloit qu'il
ne desiroit rien tant, que de nous voir
mourir de faim, ou de froid, ce que sans
doubte fut aduenu, si quelques Mandarins plus misericordieux s'apperceuans
de nostre misere, n'eussent en fin tesmoi-
gné, qu'ils trouuoiér mauuais, que nous
fussions traictez si inhumainement, &
n'eussent ordonné qu'on donnast à chas-

cun de nous dix Cagi, qui est vne sorte
de monnoye de cuiure, chascune reue-
nant enuiron à vn de nos douzains. Mais
pour auoir ceste aumosne il me cou-
stoit bien cher ; car outre que ie ne la
reçeus, que bien tard, encore vouloit
mon Mandarin, que ie la luy demandas-
se tous les iours à genoux, Que s'il arriuoit que les Gardes ne me missent deuant luy selon sa caprice, il reiettoit
toute la faute sur moy, me chargeant
d'iniures, & conuices, & menaçant de
me faire bastonner à leur mode, qui est
fort cruelle ; & pour me faire voir ce
qu'il pouuoit en cela, vn iour il fist battre en ma presence vn Bonze, non pour
autre subiet, sinon pource qu'il s'estoit
meslé de parler en faueur de quelqu'vn,
toutefois pour ce coup ie n'eus autre
mal que d'estre renuoyé en mon cachot.
Oultre ceste grande necessité de viure,
nous estions encor tres-incommodés
de la rigueur du froid, d'autant que les
Mandarins n'auoient point voulu donner ordre à ce que nous fussions vestus,
& les aumosnes des Chrestiens, qui
estoient pauures, ne pouuoient pas ba-
ster à nostre besoing ; Car outre qu'elles

estoient petites, encor deuenoient elles beaucoup moindres passant par les mains de tant de Gardes. Parmy toutes ces miseres, le nombre des malades, & des morts a esté si grand en ceste prison, qu'il sembloit, que ce fust vne peste bien contagieuse, chasque iour plusieurs estant emportez par la mort : entre les trespassez a esté l'vn de nos Chrestiens, qui apres auoir pati auec nous deux mois, vaincu en fin de la necessité est allé à Dieu, ayant donné à son decés beaucoup de signes de son election pour le ciel. Nostre Frere desia vieil estoit tousiours valetudinaire ; Quand à moy, bien que lors que ie fus apprehendé ie fusse malade, iugeant, que bien tost il me falloit desloger de ce monde, neantmoins contre toute esperance ie me suis mieux porté que iamais : la raison qu'on en donnoit estoit, que Dieu baille vne vertu aux herbes que ie mangeois pareille à celle, qu'il donna iadis aux legumes des enfans de Babylonne, & ie ne pouuois dire autre chose sinon *Le Seigneur est ma part, & ma force, & il m'a esté à salut ;* Ainsi la santé me rendoit ioyeux, & nous n'auons pas laissé de nous souuenir du sainct iour de Noël: & des autres festes de l'année parmy ceste communauté de prisonniers, quoy que bien differente de celle, qui se trouue en nos maisons, & bien esloignée de ce repos qu'y reçoiuent nos freres; neantmoins nostre bon Dieu (qui ne s'oublie iamais des siens en la tribulation) encor qu'il eust pris la verge pour frapper, si s'en seruoit il auec tant de reserue qu'il appert qu'elle est celle que vid Hieremie, ie dis veillance puis qu'il a mille yeux tres-penetrans pour aduiser au bien de ses seruiteurs. Il n'est pas possible d'exprimer quels bourgeons, & fleurs de consolation il faisoit sortir de nos peines ; Car si nous estions plongez au milieu de la disette de toutes choses necessaires pour l'entretien de l'homme, il nous receuoit entre ses bras, & nous departissoit vne ioye indicible, par laquelle il suppleoit à tout manquemét du secours humain; Or quelque moys de nostre captiuité s'estans escoulés, on eut dit que le temps auroit addoucy le cœur de nostre capital ennemy, mais tant s'en faut qu'il fut ainsi, qu'au contraire il s'aigrissoit d'a-

uantage: car voyant qu'il n'auoit aucune reſponce du Roy, il reſolut d'em-
ployer tous ſes amis de Pequin, & de
Manquin pour pouuoir conduire à chef
ſon entrepriſe, Pource il eſcriuit de
nouueaux memoriaux contre nous, &
fit que ſes amis fiſſent de meſmes ; tellement qu'il en fut preſenté au Roy
iuſques au nombre de dixſept: Les Mandarins Chreſtiens vouloient par cayers
vrays & contraires eneruer la faulſeté
de ceux cy & taſcher d'appaiſer le Prin-
ce, mais ſon cœur alteré ne donna pas
lieu à la verité, ny au droict de leur iu-
ſtes remonſtrances. Entre ceux, qui ont
trauaillé à cela l'vn des principaux a
eſté le Docteur Paul, Mandarin de grande vertu, & authorité, en cette cour de
Pequin : qui entre autres choſes repre-
ſentoit le fruict, que noſtre Compagnie
faiſoit, & prioit, qu'on en fit l'experience, permettant que trois mois durant
nous enſeignations le Peuple, d'vn certain pauure village, qu'il nōmoit, & ad-
iouſtoit, que ſi l'ayans faict il n'y auoit
vn notable changement de mœurs, il
eſtoit content d'eſtre priué de ſon eſtat;
voire il s'obligeoit en cas du contraire

à la peine, qu'il plairoit à fa Majefté
luy ordonner. Nos Peres auffi de Pequin dreflerent en mefme temps leur
Memorial, par lequel ils refutoient
les calomnies de Xim, & expliquoient
ce dequoy pouuoient doubter ceux
qui ignorent noftre foy, & ce qui
eftoit de noftre façon de faire, & fou-
dain le firent courir par tout ; car les
Chreftiens de Nanquin l'ayant iugé
tel qu'il le falloit, defirerent qu'il fuft
veu des Mandarins, qui font les doctes du Royaume : & à cet effet le firent imprimer, mais cela eftant fçeu
par l'enñemy de Dieu, il fit apprehen-
der quelques Chreftiens, entre lef-
quels fe trouua vn de nos freres, qui
nous aydoit fort, & apres quelques
iours de prifon il les fit battre deux
ou trois fois, & fi cruellement, qu'ils
en font demeurez long-temps malades, & l'eftoient encor lors que nous
fommes partis : Ce miferable voyant
que fon deffein n'alloit pas vifte à l'e-
gal de fes defirs, pourpenfa vn autre
expedient, qui fuft de faire par argent,
ce qu'il n'auoit peu faire auec la plu-
me, pource il s'affocia auec les Bonzes,

qui font innombrables à Nanquin, &
fit auec eux vne groffe fomme de de-
niers, qu'il enuoya incontinent à Pequin par aucuns de ces Bonzes, & par
leur moyen, & de cet argent, il negotia
tant auec les Eunuques du Palais qu'en
fin il obtint ce qu'il pretendoit, & le
Roy lafcha l'Edict, qu'il n'auoit pas encor voulu accorder iufques alors, nous
enioignant par iceluy de fortir du
Royaume. Ce mefchant Xim euft voulu encor d'auantage, & a efté caufe
penfant plus obtenir, & pis faire, que
cet Edict n'ayt efté fi toft executé: L'aduis de tout cecy nous fut donné en Ca-
refme, laquelle nous auons toute ieuf-
née (Dieu graces) ores que noftre viure fut tel, & fi petit que nous auons
dit: Sur la fepmaine fainête ie tombay
fi griefuement malade, que l'on iugeoit
que ie n'en releuerois plus: Pour moy
ie me fentois fi abbatu & affoibly,
que ie croyois bien, que ie ne pourrois iamais eftre remis en fanté, & à
chafque heure attendois que noftre Seigneur m'appellaft de ce monde: Ie ne
tirois mon haleine qu'auec grande dif-
ficulté, mes fens eftoient du tout he-

betez, & ma fiebure eſtoit ſi ardente,
que ie ne voyois, ny oyois rien, l'œil
de mon ame ſeulement viuoit, &
voyoit ce que l'on a couſtume de veoir
à telle heure: O combien fole me paroiſſoit alors la vanité de ceux, qui ne
penſent qu'aux choſes de ceſte vie?
combien voyois-je clairement ce que
l'on peut par la faineantiſe, quand on
ne s'employe pas aux bonnes œuures;
& combien eſt inutilement employé le
temps, qu'on donne à la vanité; per-
dant les grands biens que l'on pourroit
facilement acquerir ? combien ſont
trompez ceux, qui n'apprehendent
point la baſſeſſe de ce qui ſemble maintenant ſi haut ; combien inſipide ce
que l'on iuge à preſent tant aggreable;
& que ce qui maintenant ne nous ſemble que legere imperfection, alors nous
eſt repreſenté pour vn grief peché:
Qu'eſt-ce que pour lors ne deſirois-je
d'auoir fait, & paty ? car bien que ie me
viſſe au milieu de ceſte Gentilité, ayant
laiſſé pere, & mere, parens, & amis,
pour Ieſus Chriſt, mal traicté de tous,
detenu en priſon, les fers aux pieds, &
aux mains, affligé de maladie, laquelle

probablement m'estoit arriuée à cause des continuels trauaux, que i'auois soufferts pour Dieu, bien que cela me donnast quelque esperance de la vie eternelle, toutefois il me sembloit, que tout cela estoit peu à comparaison de ce que i'apprehendois deuoir auoir fait pour l'amour de mon Dieu : ayant demeuré trois iours en cest estat, il pleust à sa misericorde me donner vn peu de respi ; quoy que ie n'eusse rien mangé d'vne sepmaine entiere, ains seulement aualé de l'eau corrompuë, & n'eusse pas creu sans l'experience qu'vn corps humain, s'eust peu entretenir tant de iours auec se seul breuuage: neantmoins cela n'est pas icy tant rare, où il s'en treuue qui endurent le faim vn mois, sans manger. L'onziesme iour deux soldats me vindrent prendre pour me mener deuant le Iuge, vous pouuez penser, qu'ayant esté si proche d'aller respondre au grand Tribunal de Dieu, i'estois bien en poinct pour me representer deuant celuy des hommes, neantmoins par ce qu'en semblables euenemens il n'y a rien meilleur, que d'obeïr, ie me

Ieuay comme ie peus, m'enueloppant,
ou pour mieux dire, m'ensepueliſſant
dans mes draps, les ſergens me mirent ſur vn ais, & me porterent au
parquet, où ſix Mandarins eſtoient aſſis dans leurs ſieges, ceints d'vn coſté,
& d'autre de leurs Archers : le P. Alphonſe, qui eſtoit deſia arriué ſe mit à
genoux deuant eux, & les ſergens me
laiſſerent tomber en terre comme vn
corps mort ; lors les Iuges comman-
cerent à nous interroger de noſtre vie,
& profeſſion , enuiron deux houres
durant, & voyans l'eſtat où i'eſtois ils
ne me firent pas beaucoup d'interroga-
tions, eſtant neceſſaire, que pour leur
reſpondre les ſergens me hauſſaſſent la
teſte, & encor par ce qu'ils ne me pouuoient bien entendre, il falloit vſer de
repetition ; cette ſeance finie nous fuſmes conduits à vn autre Auditoire, le
P. Alphonſe y fut mené la corde au
col, mais non pas moy, car ils n'a-
uoient peur, que ie m'enfuyſſe, i'y fus
dont en grande partie traiſné. Ce Mandarin pour eſtre le plus grand de ceux
deuant leſquels nous auions comparu,
paroiſſoit auec plus de faſt, & maieſté,

& estans deuant luy le P. Alphonse se
mit à genoux, & mes conducteurs me
ietterent en terre pour la seconde fois,
il l'interrogea, mais peu, & obscure-
ment, & luy respondant, deux sur-
uindrent, lesquels ayant fleschy le ge-
noüil, nous accusoient de plusieurs
choses, nommément de la Loy, laquelle nous enseignions, de l'audace
de laquelle nous auions vsé pour
aneantir la Loy des Pagodes si ancien-
ne en ce Royaume, & sur ce allegoient
plusieurs choses sans ordre, & toutes
controuuées. Le Mandarin prononça,
que nous auions bien merité la mort,
neantmoins que pource que le Roy
nous auoit donné la vie, c'estoit assez
de nous enuoyer en exil, apres auoir
esté bastonnez, ce qui fut soudain executé sur le P. Alphonse, lequel ils trai-
cterent auec tant de felonnie, que d'vn
mois il ne peut marcher. Moy voyant,
qu'il enduroit pour Iesus Christ, quoy
que ie luy compatisse beaucoup, neantmoins ie me consolois, & disposois à
souffrir le mesme, ne croyant point
que ce Tyran me deust espargner, nonobstant la griefueté de ma mala die, &

ie l'eusse tenu à autant plus grand gain
pour moy, que moins i'estimois estre
possible, que ie subsistasse en vie dans
la peine d'vn si grand tourment, mais
mes pechez m'ont rauy ceste couronne,
que Dieu ne donne qu'à ses plus fauo-
ris; I'estois donc dolent, & content;
dolent du bien que ie perdois, & qui
m'estoit si proche; content de ce que la
bonté diuine auoit eu esgard à ma foi-
blesse, & auoit honoré mon compagnon
par dessus moy de ceste glorieuse pal-
me. Neantmoins il faut confesser, que
ruminant depuis à part moy ceste perte, le regret m'a saisy de temps en temps,
& en ay ietté de bonnes laimes, tenant
pour certain que mes pechez m'ont
priué de ceste couronne; dont ie com-
prens mieux que iamais, combien nous
reculent de ce grand benefice, mesme
les plus petites imperfections. Cette
perte me vint de ce que le tourment
du Pere Alphonse estant finy; le Tyran
demanda si ie pourrois endurer le mesme sans mourir, & il fust respondu qu'il
n'y auoit pas apparence; dont à l'heure
mesme il nous renuoya chascun en nostre prison, où i'ay continué ma dierte

encore ſix iours apres les ſept autres,
ſans rien manger, ſi que ie me ſuis treuué
n'auoir rien mangé de treize iours, mais
le quatorziéme ma fiebure s'allentit, &
commençay à manger vn peu de ris
cuit à l'ordinaire dans la ſeule eau, & en
ceſte ſorte il pleuſt à Dieu de me rendre bien toſt mon entiere ſanté; Plaiſe
à ſa bonté que ce ſoit à ſa plus grande
gloire: on euſt dit qu'auec ma gueriſon,
nous deuions eſtre remis en liberté; car
cinq ſepmaines apres, il fuſt permis au
Pere Alphonſe d'aller à la maiſon pour
y prendre ce qu'il voudroit, mais ce
fuſt plus au profit des quatre Mandarins qui l'accompagnoient, qu'au noſtre; attendu qu'ils prindrent premierement tout ce qu'ils voulurent; nos
liures, qui traittoient de noſtre ſainɛte
Foy, nos images, bref tout ce qu'il leur
pleuſt; & les autres ſergents, qui eſtoient
en grand nombre fourrageoient le re-
ſte, qui n'eſtoient que quelques pauures
vtenſiles, ſi que nous n'euſmes comme
rien. Tout mon meuble fut vn perce
lettre, & vn compas, qu'encor i'eſti-
may à vn grand benefice, puis que i'en
ay tiré ceſt Aduertiſſement, qu'il eſtoit

38

temps de retrancher toutes superflui-
tez de moy , & de compasser ma vie à
la reigle , & au compas de la volonté
diuine. Ie me resiouïssois de ce que
i'auois bien peu , & que tout le reste
estoit perdu pour l'amour de Dieu , &
par ainsi estant plus pauure, i'estois plus
content. Ie me souuenois de Iob, lequel
ayant oiiy la derniere nouuelle de la
perte de tout son bien , & la mort de
ses enfans , il se leua de son siege ; &
comme dit Origene , se tourna vers
l'Orient , & rendist à Dieu ce qu'il luy
auoit presté, disant auec vne profonde
resignation à la volonté diuine , *Dieu
le m'a donné , Dieu me l'a osté , son nom
soit benist à iamais*; & bien qu'en ceste
similitude il s'y trouue beaucoup de
dissimilitude , toutefois ie passois aussi
deuant mes yeux ceste femme, qui auoit
offert deux mailles au Gazophilace , &
fut iugée auoir plus offert, que les Pha-
risiens qui auoient ietté de grosses pieces d'argent. Nostre maison ayant esté
ainsi pillée , restoit à nous enuoyer en
exil , ce que le Tyran vouloit executer
auec la plus cruelle façon , qu'il pourroit imaginer , afin que nous mourus-

fions en chemin ; Neantmoins nous eftions vn peu plus humainement trai-tez en cefte derniere prifon, car nous auions des Gardes vn peu plus courtoi-fes que les premieres, & nos conca-ptifs voyans que nous eftions vn peu mieux traittez, & confiderans nos de-portemens, & vies reglées, auoient perdu la creance de ce qu'on difoit fau-fement de nous par la ville, voire ils nous honoroient & aymoient, & par-loient de noftre banniffement, qu'ils auoient fçeu, auec compaffion, ne nous en ofant tenir propos de peur de nous contrifter; Bref ils difoient à noftre ad-uantage tant de loüanges, qu'ils nous caufoient de la confufion. Le foir auant noftre defpart chacun d'eux nous fift aumofne de quàtre petites pieçes de monnoye, ne nous pouuant donner d'auantage, lefquelles i'acceptay auec larmes, confiderant qu'il fe trouuoit plus de charité en ces mal-faicteurs, qu'en des hommes doctes, & lettrez; Le lendemain donc l'on executa no-ftre fentence, qui portoit noftre expul-fion, ce fuft le trentiefme d'Auril, fefte de fainéte Catherine de Sienne, auquel

40

iour i'eſtois entré en la Compagnie; la
choſe ſe paſſa en ceſte maniere. Dix ſergents ſe preſenterent à moy pour me
conduire au parquet, à la façon, qui
leur auoit eſté preſcripte par les Mandarins, & m'ayant changé de robbe ils
me lierent les mains derriere le dos
comme ils ont accouſtumé de faire aux
eſtrangers (leſquels ils eſtiment tous
barbares) & à meſme deſſein ils m'eſ-
parpillerent les cheueux, leſquels, ſelon la couſtume du païs, nous portons
fort longs, les diuiſans neantmoins en
deux parts ſeulement, dont ils firent
pendre l'vne à la dextre, l'autre à la
gauche, puis me couurirent le haut de
la teſte d'vn drap noir par meſpris, &
me chargerent le col d'vne chaiſne de
fer, & aux mains m'appliquerent de
groſſes menottes, & aux pieds des ceps,
& en tel equipage me conduirent au
Tribunal des Mandarins, leſquels deuoient executer noſtre banniſſement,
(car c'eſtoient d'autres que ceux, qui
nous auoient examinez) & d'autant
qu'ils deuoient eſtre trois, & qu'ils n'eſtoient encores tous arriuez de la cour,
& qu'vne incroyable multitude de

peuple nous venoit voir, nos Gardes pour euiter leur fureur nous enfermerent dans vn cachot qui estoit là, mais le nombre croissant, & la curiosité de nous voir, ce monde resoluant de rompre la porte, si les soldats ne l'ouuroient ils furent contraints de le faire, lors nous fusmes faits spectacles à tous, l'espace de plus d'vne heure, iusque à ce que les Mandarins estans assemblez, l'on nous mena deuant eux: Leur parquet estoit petit, au deuant duquel estoit vn paruis, puis vn lieu plus haut où ils estoient assis dans leurs sieges, enuironnez de leurs satellites, qui tenoient leurs bastons en main, & iceux esleuez en haut en si grand nombre, qu'ils sembloient vne forest: D'abord que nous entrasmes ils nous firent arrester à vn coing pour y attendre le signe de nous approcher, ce signe donné les assistans s'escrierent à haute voix, ô qui est la marque de laquelle ils vsent pour signifier le commandement, l'oyant nous comparusmes, & ayant incliné la teste iusques à terre deuant eux selon la coustume, chargez de nos chaisnes, qui par leur bruit, &

cliquetis rendoient leur douce harmo-
nie, vn d'iceux s'addreſſant à nous haut
loüant le benefice, qu'ils nous faiſoient
de nous donner la vie, nous enuoyant à
noſtre païs, apres auoir raualé de paroles l'ignominie, & affront que nous
receuions de noſtre renuoy, comme ſi
rien n'euſt eſté, dit que nous ſerions
mis dans deux caiſſes de bois, ſerrées de
tous coſtez, leſquelles eſtoient ſi eſtroi-
tes, qu'il eſtoit impoſſible de nous y re-
muer; & ſi baſſes, qu'eſtans aſſis nous
touchions le ſommet auec la teſte, vn
oyſeau de mediocre grandeur y euſt
eſté enfermé incommodement; là donc
nous fuſmes enſerrez chacun en la
ſienne, & nous enfermerent par de-
hors auec quatre verrouls ſcellés de
leurs ſeaux, & ainſi nous renuoye-
rent à Canton, accompagnez de pluſieurs gens-d'armes, tant à pied qu'à
cheual, & d'autres Miniſtres, & officiers de iuſtice, qui nous conduirent
auec tant d'inſolence & rigueur, comme ſi nous euſſions eſté les plus ſcelerats, & plus meſchans de la terre. Le
Tyran Xim auoit ordonné, que nous
fuſſions portez par les neuf portes de

la ville, mais les trois Mandarins fuf-
dits le luy diſſuaderent, remonſtrant,
que ſi grãde foule de peuple accourroit
de toutes parts pour nous voir, qu'il y
pourroit auoir du deſordre, neantmoins noſtre deſpart a eſté ſi ſolemnel, qu'il ne ſe ſçaura pas ſeulement
à la ville, mais encores par tout le
Royaume. En effect le long d'vne lieüe
les chemins eſtoient couuers de gens
qu'on ne pouuoit deſcouurir aucun
coin, ny place, qui ne regorgeaſt de
peuple ; le cœur me fendoit de veoir
vne ſi grande multitude deſtituée de la
vraye foy, ne ſçachant, ny apprehen-
dant le mal qu'ils faiſoient, chaſſans
de leur païs, ceux qui deſiroient leur
procurer les vrays biens : & d'autrepart ie conſiderois combien de fois
i'auois merité pour mes pechez, que
l'on me tyranniſaſt par les places publiques de Portugal lié, & garrotté, &
qu'encores ie n'aurois peu ſatisfaire
condignement pour iceux, & que Dieu
vouloit que i'enduraſſe en la Chine
auec merite, ce que i'auois deſſeruy de
payer à Liſbonne en mon corps, dequoy ie ne ceſſeray iamais de rendre

44

graces à sa Majesté, & chanter ses in-
finies misericordes espanchées sur moy,
Arriuez que nous fusmes au fleuue, qui
borne la cité, les Mandarins entrerent
en leurs barques, & les archers, qui
nous deuoient conduire iusques à Canton en la leur, cependant vn nombre
infiny de populace, nous regardant du
bord; Et d'autant que quelques soldats
estoient allez deuant, pour aduertir à
l'autre riue, que nous venions, à nostre arriuée, nous trouuasmes tout
le port remply de soldats, ayans en
main des tambours, & baslins d'airain,
auec lesquels ils faisoient horrible-
ment retentir l'air, & ceux qui auoient
precedé portoient nostre sentence haut
esleuée, & contenant tout ce dequoy
ils nous auoient chargez, & la peine
qu'ils nous auoient ordonnée. De là
nous commençasmes nostre chemin
auec tant de mal, que tous ceux, qui
nous rencontroient, estoient saisis d'e-
stonnement. Si tost que nous estions
arriuez en quelque ville (ce qui aduenoit chasque iour cinq ou six fois) soudain affluoit vn monde de peuple pour
voir ceste merueille de deux hommes

ainſi r'enclos comme dans des coffres,
s'eſtonnans de ceſte nouueauté, & s'en-
querans quels pouuoient eſtre les for-
faicts, que nous auions commis pour
eſtre traictez de la ſorte. Outre l'in-
commodité de noſtre priſon, qui nous
tenoit ſi ſerrez, d'autant que les Mandarins eſtans arriuez au logis, alloient
ſe rafraiſchir, & ſecoüer la pouſſiere,
de laquelle ils eſtoient couuerts à rai-
ſon de la multitude de ceux qui nous
conduiſoient, aduenoit que quaſi nous
en eſtouffions: car comme ils nous laiſ-
ſoient à l'entrée de la maiſon dans nos
cages portatiues, elle nous venoit
toute au nez, & l'affluence du peuple
l'augmentoit grandement, affluence
telle, que les vns empeſchoient les autres: & outre que quelques-vns ſe moc-
quoient de nous, d'autres nous interro-
geoient de tant & ſi diuerſes ſortes, qu'à
peine leur pouuions nous ſatisfaire. Ce
qui nous moleſtoit le plus, eſtoit les
vehementes chaleurs, qui preſque nous
eſtouffoient; durant ce chemin nous
marchions auec tant d'haſtiueté, que
les piettons couroient preſque touſ-
jours, & ſi par fortune ils ſe ralentiſ-

ſoient, les gens de cheual leur ha-
ſtoient ſi fort le pas, que i'ay demeuré
ſouuent plus de deux heures à dire mes
matines, à cauſe d'vne ſi grande agita-
tion, que par fois ie ne pouuois lire vn
ſeul mot. Eſtans arriuez ſur le ſoir au
logis, nous eſtions ſi recreus, & rompus, qu'il ſembloit, que nous euſſions
les os diſloquez, de ſorte que ſi nous
auions grande peine le iour, & la nuict
il n'y auoit preſque point de moyen de
repoſer; & certes ſi cela euſt continué,
nous nous fuſſions pluſtoſt trouuez à la
fin de noſtre vie, que de noſtre voyage: Mais quelques temps apres, nous
trouuans deſia beaucoup eſloignez de
Nanquin, nos conducteurs reſolurent
de nous mettre la nuict hors de noſtre
cage, ce qu'ils firent de bon matin,
nous r'enſerrans à l'ordinaire, & ad-
uint à noſtre premiere ſortie, que nous
nous trouuaſmes ſi rompus, que pas vn
de nous deux ne peut faire vn ſeul pas.
Le P. Alphonſe eſtant plus grand que
moy ſe trouua ſi offenſé en vn pied,
qu'à peine il a peu marcher de quelques mois, neantmoins en ceſte façon
noſtre affliction ſuſt vn peu addoucie,

pource que nous n'endurions pas tant la nuict, & pouuions prendre vn peu de refection : La terre estoit ordinaire- ment nostre lict, & si ne laissons pas de bien dormir à raison de nostre ex- treme lassitude, & nos soldats estoient deuenus vn peu plus courtois, que ceux desquels N. B. P. experimenta autre- fois la rigueur, ce nonobstant ils ne laissoient pas de nous molester fort sou- uent; L'vne des grandes afflictions que ie receus d'eux, fust qu'ils m'osterent l'Image de N. Dame, laquelle i'auois prinse, comme i'ay dit, & l'auois gar- dée pour ma consolation durant toute ma captiuité. Mon seul Breuiaire me restoit, duquel mesme ils arracherent les Images, & ie ne tenois pas a petit bien fait qu'il me fust demeuré. En fin auec ces difficultez nous auons trauer- sé les Prouinces de Nanquin, D'hu- xam, & Sciauxi, & sommes arriuez le quarantiesme iour à Canton, d'où nos Mandarins tirerent à Xanxin, lieu au- quel demeure vne autre plus signalé, & qui est Vice-Roy de deux Prouin- ces : il a vn Tribunal d'vn appareil plus releué qu'aucun autre de la Chine, au-

deuant duquel se void vne grande cour,
ceinte és deux costez de deux murailles fort hautes, l'vne regardant l'O-
rient, & l'autre l'Occident, dans icelle
se voyent plusieurs porches, aux coins
desquels paroissent deux Thermes de
prodigieuse grandeur, & sur chacun
d'iceux est arboré vn grand estendart
de soye, ou sont escrits le nom, l'office,
& le pouuoir du Mandarin, en grosses
lettres de la hauteur d'vn homme, Au
milieu de la cour de la maison sont
deux galeries, tirant en rond, bien gar-
nies d'instrumens de musique, de trompettes, tambours, & grands bassins
d'airain, ou encores se retirent les Mu-
ficiens, lesquels iouent de leurs instrumens autant de fois, que le Mandarin
sort de son Palais pour donner audience, & ce en trois façons, car apres que
les fluteurs ont finy, sortent les ioueurs
de bassins, puis les trompettes, qui ren-
dent vn si effroyable son, qu'il semble
que le dernier iour du monde soit venu; le tintamarre dure vne demie-heu-
re ou enuiron, puis on lasche trois
coups de canon, qui seruent pour le
dernier coup de l'audience, & est le
signe

ſigne de l'arriuée du Mandarin. En ceſte cour eſtoit vne ſi grande multitude de plaidoyants, qu'à peine pouuions nous fendre la preſſe : Outre ceſte cour il y en a vne autre plus lōngue que large, en laquelle on entre par trois portes , leſquels rencontrent trois chemins diuers, pauez de brique, & ſont eſleuez de la hauteur de deux palmes. Par le chemin du milieu ne paſſe que le Mandarin, ou ceux de ſemblable grade & qualité, & le peuple par celuy de la main droicte, & ſort par celuy de la gauche, tout eſtant ſi bordé de ſoldats, que ceux, qui entroient, ou ſortoient, en eſtoient tous enuironnez : Au bout de la cour ſe voit vn porche plus haut, & eſleué ſans portes, pres les murailles, où eſtoient rangez deux ordres de Capitaines bien en conche: au bout ſe voyoit vne table, & vne chaire, dans laquelle ſeoit le Mandarin, ayant à ſes coſtez deux pages, qui auec leurs euentoirs le rafraichiſſoient continuellement : il paroiſſoit auec tant de majeſté, qu'il ſembloit à ſon port eſtre né pour choſes grandes. Nous luy fuſmes preſentez en coffrez, comme

nous estions venus auec la sentence de
nostre banniffement, furquoy il nous
interrogea diuerfement, & luy ayant
fait entendre la vraye caufe de nostre
venuë en ce païs, il nous reprit fort ai-
grement, difant qu'autre Loy n'eftoit
neceffaire en la Chine, que la leur, &
qu'il ne leur manquoit de gens pour
les exciter à bien viure, & qu'ils fça-
uoient, & cognoiffoient tout, & autres
chofes femblables; parlant de telle
forte comme s'il euft bien entendu
niefme ce qu'il ignoroit : & lors ie re-
cogneus ce que dit S. Gregoire eftre
bien vray, Qu'il y a des aueugles, qui
fe refiouiffent en leur aueuglement, &
tenebres, comme s'ils vöyoient bien
clair : En fin il nous renuoya aux Mandarins de Canton, où nous arriuafmes
dans fept iours apres, &c. Or ie croy
que Voftre Reuerence iugera peut-eftre,
que nous auons efté bien receus, en cefte ville de Canton, où plufieurs Portugais vont, & viennent, demeurent,
negocient, & s'y marient, & que dans
peu de iours nous nous ferons trouuez
à Macao parmy nos Peres, & freres, &
que là leur charité, & bon accueil nous

aura fait oublier tous nos trauaux paſſez, mais il n'en a pas eſté ainſi. Car Dieu
qui nous vouloit cõbler de plus grands
merites (le tout ſoit à ſa plus grande gloire) en a ordonné tout autrement. Eſtans
donc arriuez à Canton, nous fuſmes le
lendemain matin expoſez en public,
dans noſtre priſon portatiue, & ne fuſmes pas moins mocquez, & huez que
és autres lieux, voire y reçeuſmes
l'aduis, que nous ſerions flagellez en
vn des tribunaux, ou nous deuions eſtre
preſentez: A ceſte nouuelle ie fus ſaiſi
d'vn contétement extraordinaire, eſpe-
rant que noſtre bon Dieu m'octroye-
roit icy, ce qu'il m'auoit deſnié à Nanquin, & tout incontinent ie m'y diſpoſay, & trouſſay mes habits le mieux
que ie peus, bien qu'à cauſe des chaines, deſquelles i'eſtois chargé, ie ne
pouuois correſpondre à la viſteſſe de
laquelle il faut vſer à ſe deſpoüiller,
lors que le Mandarin l'ordonne: & ar-
riue par fois que les bourreaux ſont ſi
prompts à l'execution, qu'ils deſchi-
rent meſmes les habits des pauures
condamnez: donc pour éuiter qu'ils ne
miſſent en pieces ce peu, qui m'en re-

ſtoit, & pour me trouuer tout preſt
aux coups, ie me diſpoſay comme i'ay
dit : Neantmoins en pluſieurs Tribunaux, où durant tout le iour il nous
fallut comparoiſtre, nous n'euſmes
que des rudes paroles, & reprimendes,
d'auoir oſé entreprendre de venir an-
noncer vne nouuelle Loy en la Chine,
auec inhibitions treſ-expreſſes de n'y
r'entrer iamais, mais point de coups.
La nuict cloſe, nous nous retiraſmes où
il pleuſt à nos ſoldats, qui fut en la priſon, parmy les plus infames de tout le
païs, & ne nous ſembla point nouueau,
car nous auions eſté de meſmes à Nanquin. Entrans nous y trouuaſmes la
terre toute tapiſſée de priſonniers ia
dormans, à cauſe que la nuict eſtoit fort
auancée, & eſtoient ſi entaſſez, & en ſi
grand nombre que nous ne trouuions
pas lieu meſme pour nous aſſeoir, mais
nous y trouuions aſſez de ſubject de
loüer Dieu, puis qu'au moins nous
eſtions vn peu plus libres, que dans
noſtre cage du iour. En ceſt eſtat nous
nous regardions l'vn l'autre chargez
de nos chaines comme nous eſtions, &
ayans demeuré long temps en ceſte po-

fture, refoluions de coucher ainfi de-
bout, & paffer fur nos pieds le refte
de la nuict, mais vn prifonnier efmeu
de compaffion nous quitta fa place, qui
eftoit de deux ais, dequoy nous le re-
merciafmes d'affection pour le plaifir
qu'il nous faifoit. Voyans donc, que
nous auions vn lict, nous nous mifmes
à foupper, mais ce foupper fut propor-
tionné à noftre couche, car pour tout
il nous fallut contenter de deux efcuel-
lées d'eau, & fut encor merueille de
les auoir: Apres nous nous en allafmes
repofer fur nos deux ais, bien doucement, car l'accouftumance, & la fati-
gue du iour precedent nous fift trouuer
cefte dure couche bien molle. Le iour
fuiuant nos peines accreurent ; parce
que ne cognoiffans perfonne en ce lieu
là, & les Portugais n'ayans efté aduertis
de noftre affliction, non plus que nos
Peres de Macao, nous nous trouuions
deftituez de tout fecours des hommes,
Dieu neantmois, qui a couftume de
n'abandonner an befoin les fiens, nous
fift encor icy rencontrer vn garçon, qui
auoit demeuré auec nous à Nanquin,
lequel fçachant, que nous eftions ca

ceste prison nous vint visiter, & fit tout
ce qu'il peut pour nous secourir. Ia
nous auions esté deux mois en ce lieu,
& presentez deux fois en iugement (où
les Mandarins n'ont iamais tout fait)
quand nos Peres de Pequin expulsez
comme nous, arriuerent, & accompagnez d'vn seul homme, leur amy. Le
Mandarin les fist arrester icy, & pource
que le Roy ordonnoit, que nous fussions renuoyez en nostre païs, ce que
neantmoins le temps ne permettoit
pas, pour n'estre propre à singler en
haute mer, voire de quatre, ou six mois,
il ne le deuoit estre; ils ne nous voulurent r'enuoyer à Macao pour ne con-
treuenir à ceste Ordonnance, & donnerent à nos Peres de Pequin pour prison vn Monastere des Bonzes, où encor nous auons esté conduicts, & ja
quatre mois entiers y auons esté gar-
dez bien estroictement. Nostre sou-
hait seroit, que s'ils nous veulent relas-
cher, ils nous r'enuoyét plustost en leur
Royaume qu'ailleurs, afin de trauailler
à la conuersion de tant d'ames, qui
quoy que racheptées du sang precieux
du fils de Dieu, sont neantmoins aucu-

glées en ce qui concerne leur salut. Ce-
là se pourroit faire si Xim', ennemy iuré
du Christianisme, estoit debouté de
son Mandarinat. Mais il en arriuera ce
qu'il plaira à Dieu, pour lequel nous
trauaillons. Ce qui nous arreste encor
icy est, que la grand Naue du Portugal
n'est pas venuë ceste année, ains seulement quelques petites galleottes. Et la
diuine sagesse n'a pas permis, que nous
ayons tellement esté renuoyez de la
Chine, que tous en soient sortis, car
encor quelques vns de nos Peres y re-
stent, cachez és maisons des Chrestiens, où ils baptizent, preschent, en-
seignent, & conuertissent comme auparauant, non toutefois si à descouuert,
Dieu conduira s'il luy plaist ceste Mission entreprise pour sa gloire, & le
bien de ces pauures ames infideles à
heureuse fin.

EXTRAICT DES LETTRES

du Pere V. venceslaus Pantaleon, de la Compagnie de IESVS, escriptes à Goa le 9. Iannier 1619.

NOSTRE nauire fut le premier de toute la flotte, qui entra daus le port de Goa, le iour de Sainct François, nous y eſtions ving-deux des Noſtres, deſtinez pour la Miſſion de la Chine, deſquels cinq ſont morts ſur mer, trois Flamands, vn Allemand, & vn Italien, le ſixiefme a eſté le frere du P. Trigaud. Apres noſtre arriuée à Goa: pendant le voyage les maladies ont tellement aſſailly ce noſtre nauire, que pour vn iour trois cens, & trente de bon compte, s'en trouuerent affligez, ſpectacle bien lugubre, & effroyable, preſque tous les noſtres en ont eſté attainſts: meſme l'infatigable, & inuincible aux trauaux le P. Trigaud; D'vn coſté nous nous ſommes employez à l'accouſtumée à ſecourir les malades, &

de l'autre à vacquer serieusement à l'o-
raison, aux fins de nous rendre Dieu
propice. Le nauire d'Aluare a suiuy le
nostre l'espace d'vn mois, & n'a perdu
durant ce temps là qu'vn seul des siens,
Italien de nation. Le Capitaine, qui
auoit desmaté auec 7. nauires de Lis-
bonne, ayant en fin perdu de veuë ses
autres nauires escartez çà, & là par la
tempeste, rencontra auec son seul nauire quelques Anglois, auec lesquels il
ayma mieux pactizer & rachepter le
danger moyennant 80000. escus, que
de combatre seul contre six nauires
Angloises. Ceux de Goa, & tout l'estat
des Indes ont porté fort à cœur ceste
action, & se sont fort indignez contre
luy, & contre tous ses officiers, & les
ont tous deboutiez de leurs charges, &
offices, & renuoyé le Capitaine du nauire lié, & garrotté au Roy d'Espagne,
pour rendre raison de ses déportemens.

Vous sçauez, qu'en la Chine la per-
sequution s'est leuée à Nanquin contre
les Chrestiens, & contre les nostres,
lesquels après auoir esté mis en prison,
& beaucoup souffert, voire ayans esté
flagellez, ont esté congediez, mesmes

ceux de Pequin, les autres iufques au
nombre de 14. y font demeurez, mais
cachez, à caufe de la perfecution. La
caufe, qu'ils pretendent contre nous
eft, que nous prefchons vne Loy toute
nouuelle de Iesvs crucifié; mais c'eft
noftre gloire, & noftre confolation.
Les dernieres lettres venuës de ce
Royaumelà, marquent quelque chofe
de bon efpoir, à fçauoir que ce Prefident defloyal, qui a efmeu cefte tem-
pefte contre le Chriftianifme a encou-
ru la difgrace du Roy, & a perdu fon
eftat; & que l'autre Mandarin de Nanquin fon compagnon, & fecõd autheur
de noftre perfecution, eft deuenu de-
my enragé, pour auoir veu mourir deuant fes yeux vne fienne fille vnique,
laquelle il auoit tant recommãdée à fes
Pagodes, qu'il a bruflé en cefte fienne
rage.

Meilleure nouuelle eft encor celle-
cy. Le corps du P. Felician à Sylua tref-
paffé à Nanquin depuis quatre ans a efté
trouué pas les Chinois, refoüillants
toute noftre maifon, auec fes mefmes
veftemens tous entiers. Maintenant
Dieu fait par fes merites des miracles.

à ce que là où manquent les Prædica-
teurs viuants, là les morts y preschent.

Le P. Semede escrit, qu'il est detenu
en prison dés quinze mois auec vn sien
compagnon, & plusieurs Chrestiens,
& qu'il a esté si griefuement malade,
qu'il n'a vescu treize iours durant, qu'en
prenant seulement vn peu d'eau ; &
qu'apres plusieurs trauaux soufferts, &
40. iours de chemin, sont arriuez à
Canton, encoffrez comme dans des
caisses, & tiennent encore la prison
dans vn Monastere des Bonzes. On
tient icy pour asseuré, que le Roy de
Mogor s'en va contre le Persan auec
vne puissante armée, de nonante mil
hommes. Il se fait quelque ouuerture
pour la mission du Royaume de Dima,
lequel, comme l'on dit, n'est gueres
moindre que l'Espagne.

L'an 1618. le 8. May en la Cité de
l'Inde, nommée Baciam, la tempeste a
esté si furieuse, qu'il semble qu'elle aye
esté plustost excitée par les Demons,
que par aucune cause naturelle: dans vn
moment elle a emporté fort loing les
tuiles, & toicts des maisons, nostre Col-
lege a esté tellement surpris de l'eau, &

de l'esbranlement des vents, qu'il a esté
rendu inhabitable : le toict de l'Eglise a
esté emporté, l'autel dedié à Dieu, & à
la memoire de la vierge Mere, a esté
rompu, & mis en pieces : l'image de la
mesme Vierge a esté treuuee soubs les
ruines, mais toute entiere le Monastere
des Augustins a esté renuersé de fonds
en comble, le toict de l'Eglise a esté emporté fort loing, les murailles estans de-
meurées sur pied, les Religieux, qui y
demeuroient iusques au nombre de 50.
ont esté desnués de tous leurs orne-
ments d'Eglise, tellement, qu'il ne leur
est pas demeuré vne seule chasuble,
pour chanter la Messe; le monastere des
Religieux de sainct Dominique a esté
aussi bouluersé, & le grand autel tom-
bant, à la renuerse le tabernacle du S.
Sacrement le suiuant, s'est trouué droict
en terre, comme s'il ne fust point tom-
bé. Le mesme est arriué en l'Eglise pa-
rochiale, & en celle de la Misericorde.
L'on ne voyoit point de verdure és
champs, tout estoit noir comme si le
feu y eust passé, tous les arbres fruictiers
des maisons de plaisance des Gentil-
hommes d'alentour ont esté mis par

terré, voire portés en l'air, exceptez
quelques palmieres; d'où l'on peut colli-
ger combien ceste tempeste a faict de
mal: toute les nauires, qui se trouuoient
sur mer ont esté froissés, ou enfoncées,
nommément vne bien grande, & forte,
qui singloit pour lors, retournant de
Drunisio a esté engouffrée dans la mer
auec tous ceux, qu'elle portoit; Vn arbre
de haulte fustaye a esté porté par le vent
au delà d'vn fleuue; de mesme vne gros-
se iument a esté enleué sur vn arbre;
deux personnes, mary & femme, en la
ville de Tama, ayant esté enleuez du
lict par le vent, apres auoir esté long-
temps portez par l'air, la femme a esté
laschée dans vn fleuue, & le mary porté
bien loing, au dela de ceste riuiere sur
vne haute montagne. Au Monastere des
Capuccins fut trouuée vne tuille auoir
esté portée par l'impetuosité des vents
auec telle furie contre vne muraille de
pierre, qu'elle penetra dans icelle non
moins de 4. doigs; L'on a veu plusieurs
representans des Geans en la montagne
voisine, montans, & descendans auec
des globes de feu: les mesmes Geans
ont apparu prez d'vne Cité, & y ont fi

rudement souffleté vn certain, qu'ils luy
ont faict sortir vn œil de la teste, le
laissant tout hors de soy. En la ville de
Chaül, non gueres esloignée de là, ont
esté veus plusieurs grands Geans à cheual suiuis d'autres d'horribles figures,
ceux-cy s'approchás d'vn Ermitage dedié à S. Iean Baptiste, tout aussi-tost le
peuple quittant les fauxbourgs s'enfuit
dans la ville, croyant, que c'estoient les
Maures, lesquels autresfois les auoient
assaillis, & estans interrogez pourquoy
ils fuyoient, & crioient si desesperémet,
respondirent qu'ils auoient veu au milieu des champs ces horribles cheual-
liers, mais on sçeut par apres qu'ils furent repoussez par vn certain reuestu de
peau, tenant vn baston en main, auec
lequel il s'appuioit; L'on pense, que c'e-
stoit S. Iean Baptiste, & de faict la tempeste n'a point faict de mal en ce lieu
là. Pendant que le bruict couroit de cecy, tous se rengeoient à la Penitence à Corin, & ceste feruour a duré
plusieurs iours, pendant lesquels on a
faict continuellement des processions,
en l'vne desquelles il y auoit si grand
nombre de peuple, qu'il a demeuré

deux heures à passer par noſtre Egliſe.
Les Nobles alloient à pieds nuds, preſque tous les cierges en main , plus de
trois cents Penités, deſquels aucuns ſe
flagelloient, les autres eſtoient chargez
de groſſes chaiſnes, autres couuerts de
cilices, vne autresfois quelques vns ont
ſuiuy la proceſſió à genoux, vn de l'Ordre de S. François ſe veſtit d'eſpines, en
telle ſorte que pluſieurs l'offençoient
iuſqu'au ſág; Vn autre du meſme Ordre
ſe lia de cordes par tout le corps , &
marchoit les bras ouuerts, auec tant de
douleurs, que le ſang deſcouloit de pluſieurs parts deſon corps. Vn autre iour
les Noſtres firent vne proceſſion par
l'Egliſe, en laquelle eſtoit porté le S. Sacrement , lequel auoit eſté expoſé durant dix iours , & en meſme temps il a
eſté viſité par pluſieurs , qui y eſpan-
choient grande quantité de larmes. Le
iour d'apres la maiſon de la Miſericor-
de fit la ſienne, ou ſe trouua vne grande
multitude de peuple habillez en Peni-
tens , aucuns deſquels portoient des
chaiſnes aux pieds , les autres reueſtus
de ſacs tres-aſpres , d'autres ſe diſcipli-
noient, d'autres eſtoient couuerts d'eſ-

pines, du cuir defquels par apres on ne
les pouuoit arracher qu'à grande peine;
car quelques vns fe iettoient par terre,
d'autres fe preffoient contre les murailles, pour faire entrer les efguillons
plus auant dans le corps.

Les enfans auffi y vouloient auoir
part, car ils fe difciplinoient felon leurs
petites forces, le tout eftoit fuffifant
pour faire fendre les cœurs de pitié, &
compaffion.

Le Tyran du Iappon eft mort, fon fils
luy a fuccedé heritier de la felonnie de
fon Pere enuers les Chreftiens, il a
commandé à tous fes fubiects de ne to-
lerer en leur Domaine aucun Chreftien.

Le P. Iean Baptifte Machado a fort
trauaillé, & grandement pati durant
cefte perfequution au feruice des Chreftiens du Iappon, iufqu'à ce qu'ayant
ouy vne confeffion, & leuant la main
pour donner l'abfolution, il a efté apprehendé, & peu de iours apres a eu la
tefte tranchee, inuoquant cependant
toufiours le S. Nom de I E S V S, mourant
auec grande ioye, & allegreffe, il auoit
demandé cefte faueur à Dieu dés l'aage
de 17. ans, & auoit conçeu le defir lifant

& oyant lire les lettres nouuelles du
Iappon. On racóte que ce B. Pere difoit
qu'il auoit receu en fa vie trois fingulie-
res confolations de Dieu. La premiere, quand il entra en la Compagnie. La
feconde, quand il fut pris prifonnier.
La troifiefme, quand il reçeut la nouuelle de fa mort pour la caufe de Dieu.
Auec luy a efté martyrifé le P. de l'Af-
cenfion, ainfi furnommé de l'Ordre de
S. François, lequel ayant efté appellé
pour oüir vne confeffion fut pris, &
mené en prifon, ou defia N. P. eftoit, là
apres s'eftre confeffez l'vn à l'autre, ils
faifoient paroiftre vne ioye incroyable,
& chantoient les loüanges de Dieu fans
aucun figne de trifteffe, ce qui faifoit
eftonner les autres prifonniers, quoy
qu'ennemis de noftre fainéte foy, l'vn
defquels dict à fon feruiteur, qu'il em-
braffaft hardiment la foy Chreftienne,
qu'il n'eftoit pas poffible, qu'elle fuft
mauuaife, veu que ceux-cy fouhait-
toient auec vn fi grand defir, de mourir
pour icelle. Peu de iours apres le P. Al-
phonfe, Nauarette de l'Ordre de S. Dominique, & frere Iofeph de l'Ordre de
S. Auguftin ont efté pris, & decollez

auec deux Iapponois, leurs seruiteurs?
Le mesme est arriué à vn ieune adolescent, nommé Leon, lequel auoit fort aydé noſtre P. Iean Baptiſte Machado en la conuersion des Iapponois. Cecy est arriué au mois de May 1617.

Mais que diriez vous, que pendant, qu'en ces terres infideles tant de saincts Religieux de tous Ordres trauaillent à la conqueſte des ames, les Holandois se iettent à la trauerse, & font ce que diſoit iadis Tertullien des heretiques de ſon temps, qu'au lieu de conuertir les Infidelles, ils ne se donnoient à autre prix fait, que de peruertir ceux qui eſtoient desia gaignez à Dieu, & à la vraye Religion: Mais ce iuſte Seigneur a bien fait paroiſtre ces iours paſſez, que leurs deſſeings, & projets, ne luy agreoient point, car ayant comparu en ces contrées auec ſi grands vaiſſeaux, les Portugais les serrerent de ſi prés, qu'ils en ont rapporté vne ſignalée victoire; & incontinent apres est arriué vne choſe digne de memoire perpetuelle. C'eſt que les meſmes Holandois sur l'appuy d'vn vaiſſeau, qu'ils iugeoient inexpugnable, commencerent à baſti vt Fort au Royaume de Cambaya, lequel confine les Portugais. Dequoy s'aperceuant Antoine de Pina, Portugais, qui par fortune se trouuoit là, auec deux petites nauires, iugea que ce seroit vn grand dommage à la Religion, s'il permettoit cela, surquoy ayant prins aduis, apres s'estre confessé, & fortifié par la communion du precieux corps du fils de Dieu, se mit en deuoir de les attacquer, accompagné seulement de huict soldats Portugais. Ce qui luy succeda si heureusemét, qu'il les battit, & vainquit, sans auoir perdu aucun des siens. Le Roy de Cambaja leur confederé, ayant entendu ceste nouuelle inesperée, s'en sentant fort offencé, fit sur le champ armer cinquante galeotes pour venger cest eschec contre neuf Portugais desia maistres du nauire Holandois. Estans donc venus aux prinses, & au choc, les soldats Portugais combattirent auec tant d'heur, que dans peu d'heures ils firent prendre l'eau à trois de ces vaisseaux infideles, & poursuiuirent les autres si courageusement huict iours durant, qu'en fin ils furent contraincts de se re-

tirer, auec leur courte hôte, apres auoir
perdu la pluſpart des leurs, là ou les Portugais ne perdirent, qu'vn ſeul ſeruiteur
tellement que ces infideles mettant la
main ſur la bouche, qui eſt leur ſigne
d'eſtonnement, diſoient entre eux ſi
ces neuf Portugais prins à l'improuiſte
ſe ſont ſi genereuſement portés contre
vne ſi grande multitude, que ne feront-
ils s'ils dreſſent vne armée contre nous?
Non aux hommes Seigneur, mais à vous
ſeul ſoit la gloire donnée. Ainſi ſoit-il.

F I N.